En la otra esquina de la barra

Fran Peña Mayor

En la otra esquina de la barra

Primera edición: 2024

ISBN: 9788410457218
ISBN eBook: 9788410457706

© del texto:
Fran Peña Mayor

© de la cubierta:
Nighthawks, Edward Hopper, 1942.
Licencia: Dominio Público.
© 2024 Imagen obtenida de archivo Wikipedia, según las claúsulas de la licencia Wikimedia Commons.

© del diseño de esta edición:
Caligrama, 2024
www.caligramaeditorial.com
info@caligramaeditorial.com

Impreso en España – Printed in Spain

«La locura
es el bien supremo de la lógica».

Javier Roso

Contexto socioeconómico

El sistema

Yo invento una máquina con la capacidad
de imprimir millones de papeles.
Todos quedan impresionados con esta máquina
y quieren formar parte de ella.

Entonces yo empiezo a vender esos papelitos,
de tal forma que la gente que compra
se convierte en copropietaria de dicha máquina,
a cambio de un trabajo y esfuerzo.

Con estas participaciones de la máquina
se pueden intercambiar bienes y servicios
ya que, aunque no tienen un valor material,
sí tienen un significado específico.

¿Quién o qué avala el dinero de la nube?

Solo cabe el insulto
porque en occidente se acabaron las razones,
no se comprende las reglas del propio sistema,
no se comprende que tanto
los billetes como las monedas son participaciones
«de la máquina» que los genera,
y no tienen más valor que ese,
sin hablar de los apuntes contables
que son pura abstracción.

Ahora mismo, casi extinguido el patrón oro, es la violencia la que avala al dinero

Imaginemos los tiempos del trueque,
en donde se cambiaba una gallina
por una cantidad de fruta determinada.

Ahora imaginemos que yo llego
con un puñado de billetes del Monopoly
y me quiero llevar la fruta.

Lógicamente el frutero no me querrá dar la fruta,
ante lo cual yo le doy una somanta de palos
hasta que da por buenos los billetes.

Después el frutero va al carnicero,
el cual tiene también los ojos hinchados,
y da por buenos los billetes.

¿Quién se acuerda de nosotros?

Así como la inmigración africana
a Europa es una realidad.

También puedo afirmar
que todas esas organizaciones
no gubernamentales que, en teoría,
son de carácter filantrópico
y están haciendo labores sociales allí.

En realidad son un trampolín
con vistas a reconocer el terreno in situ,
para que toda esa gente colaboradora
pueda escapar a un lugar seguro
en caso de conflicto global.

¿Qué pasa si no te acepto tus dólares?

El valor de la divisa de un país lo cuantifica
la calidad y la cantidad de trabajo
que realizan sus propios habitantes.

Si en un país se trabajan muchas horas
y de manera eficiente,
su moneda tendrá mucho valor.

Cuando se intercambian divisas,
se está intercambiando
productividad de trabajo.

Por tanto, es lícito que entre las partes
del intercambio se llegue a un acuerdo razonable.
Es el mercado.

Un pedazo de la historia

Japón ansía la parte
del noreste asiático,
y este fue el motivo
de hacerle frente a Rusia
aliándose con Alemania
en la II Guerra Mundial.

También es verdad
que pugnaba por el control
del Pacífico contra EE. UU.

En ambos frentes perdió,
primero con la derrota
en Manchuria frente a los rusos,
y después, con sendas bombas atómicas
que los norteamericanos le endosaron.

Cambio de costumbres

Para aquellos
a quienes se nos está haciendo difícil
el tránsito social derivado
de esta revolución tecnológica.

Les recuerdo que por igual situación
pasaron los cazadores-recolectores,
con la revolución agrícola-ganadera,
hace aproximadamente diez mil años.

O sea que debemos tener
paciencia y la mente abierta,
para acostumbrarnos
a los nuevos patrones de vida.

Le están creciendo
los enanos

EE. UU. ha querido
recientemente
volver al pasado,
en donde era el mayor
productor de mercancías del mundo,
subiendo los aranceles
a los productos que llegaban de fuera.

Pero la sociedad
ya está muy acomodada,
debido a que sus empresarios
empezaron a fabricar en China
más barato,
para competir mejor
en el mercado.

La vuelta a la tortilla

La actual sociedad occidental
le ha endosado el lastre del trabajo
peor y menos remunerado
tanto a los países del segundo
como del tercer mundo.

Estos han aprendido,
a base de sacrificio,
las leyes del mercado,
de tal manera
que ya están en disposición
de competirle al primer mundo.

Recopilando

Se prepara a África
para que todos esos visionarios de las ONG
puedan dar el salto en caso de crisis.

Pérdida de productividad de EE. UU.,
con la consiguiente devaluación se su moneda
en el mercado mundial.

La negativa de los países en desarrollo
en seguir cobrando en dólares
que no ofrecen garantías.

Conflicto armado por el intento
de seguir imponiendo, mediante la fuerza,
el sistema capitalista.

Categorías
del trabajo

Si te comparas,
siempre estarás descontento
con tus condiciones laborales.

Si por el contrario
le buscas el lado positivo,
es porque has conocido la necesidad.

Si te muestras selectivo y caprichoso
a la hora de trabajar,
es porque tienes una puerta de emergencia.

Si no tienes envidia y eres agradecido,
debe de ser que eres un inmigrante
latinoamericano en España.

Ándeme yo caliente
y ríase la gente

No envidies trabajo
ni posición social ajena
porque, si tienes pan fresco
y uvas pasas, ríase la gente.

No envidies coches ni lujos,
que mientras tengas un chamizo
y un catre donde recostarte,
ríase la gente.

No envidies herencias y usufructos,
que mientras otros se odian,
tú tienes la familia unida,
y ríase la gente.

Nosotros nos defenderemos solos

Es gracioso darse cuenta
de que esa caja mágica, llamada televisor,
nos hace creer a los canarios
que formamos parte de España.

Es comprensible porque parece,
mediante las imágenes,
que estamos en la península,
pongamos que hablo de Madrid.

Cuando en realidad les importamos un bledo,
y somos el basurero
del que primero renegarán
en caso de necesidad.

Personal

Elegiste el camino fácil

Yo no soy un putero
y, si me faltas el respeto,
tengo una navaja
que con tan solo
accionar el botón del mango
sale la hoja como un volador.

Si me retas, se me erizarán los pelos
arqueándoseme el lomo
como un gato bajo presión.

Si tratas de desacreditarme,
me lanzaré a tu cuello.
Pues es la calumnia
peor que la traición.

Mil maneras de timar

Si lo que quieres es ir por la noche
a la gala de los Óscar,
no dudes en ir a un tattoo barber shop studio.
Pero si lo que quieres es pelarte y basta,
te aconsejo la peluquería de toda la vida.

Si no quieres pedir cita,
como si de un doctor
que te va a auscultar el pecho se tratara,
te aconsejo una peluquería.

Si te quieres ahorrar un dinero
y que no te engañen con mil cuentos
de pasarelas de moda,
y de tendencias trasnochadas,
vete a una peluquería, amigo,
y a lo mejor aprendes algo.

Culpable

Tus lágrimas son puro teatro,
porque de dar lástima vives
y te olvidas y desechas
el pañuelo en donde te sonaste.

Cuando entras por la puerta de mi casa
solo me ofreces quejas y lamentos,
y es el recipiente de mi corazón
tan frágil como una mariposa al viento.

Recuperas tu autoestima
con la solución salina de tu ojos,
y es tu veneno cristalino
cicuta para mi sistema nervioso.

¿Para qué preguntan?

Con estas palabras
trato de pasar el punto fielato
para poder entrar en la ciudad.

¿Por qué voy a entrar en la ciudad?
¿A dónde voy a ir?
¿Qué voy a hacer?

Si no tengo una explicación razonable,
me derivarán al hospital militar
o al cuartelillo o me rebotarán.

Ir a comprar drogas
las cenicientas de saldo y esquina
y las casas de juego no cuentan.

El testamento

Guardo el luto con los recuerdos
de una pulsera en mi mano
holgada junto a mi reloj.

Guardo el luto por lo que nunca sucedió,
por una hija que nunca tuve
y una madre que desapareció.

La ilusión dio paso a la nostalgia,
y de un zarpazo certero
herida de muerte la dejó.

Me concentraré en el presente,
en intentar dejar mi legado
mediante derechos de autor.

Cuando un vicio
se convierte
en adicción

En el umbral del vicio
se encuentra la ruina económica.

Desde el momento en que una adicción
te hace gastar más de lo que ganas
y se empiezan a descontrolar tus deudas,
estás perdido.

A nadie le importa que hagas lo que quieras
con tu cuerpo,
siempre y cuando
no debas dinero a nadie
y pagues lo que debes.

La crisis

Estoy en el momento preciso
de no soportarme ni aguantarme
a mí mismo.

Tengo preparada la pastilla
del tonto de media tarde
por si mi situación empeora.

Empiezo a echar de menos
y a acordarme
de todos mis seres queridos.

Es la melancolía
síntoma inequívoco de esta patología,
que afecta directamente a mi cabeza.

Me arrepentiré

Tengo ganas de llorar,
de gritar,
de hablar,
de comunicarme con alguien.

Siento complejo de loco,
y desde la ventana de mi habitación
las lucen de las farolas
anuncian desasosiego.

Último grito desesperado
improvisando versos
a medida que avanzo.

Armas de mujer

Todos poseemos armas,
desde una colonia de hormigas que,
astutas, sortean obstáculos
hasta encontrar la miel.

Hasta el pequeñín del grupo,
que suple su carencia física
con ingenio y buenas ideas
cual rey David.

No me digan entonces
que yo, por ser del sur,
voy a ser menos
que un zoquete del norte.

La prueba

El cambio de tema
me llevó del café al cigarrillo
y del bar a la cafetería.

En un abrir y cerrar de ojos
me fumé el café
y me bebí el tabaco.

¿Comprendes de qué
te estoy tratando de convencer
con esta rima?

¿O lo ves todo tan oscuro
como Satanás tentando
al Hijo del Hombre?

Huida hacia delante

Me inyectaron pánico en la vena
y del corazón ha llegado al cerebro,
ando con tanto miedo
como un pez en el anzuelo.

Por cada acierto
llegan dos fracasos.
Me bebo un expreso
y salgo al paso.

Robaré un banco sin que se den cuenta.
Será un mete y saca tan limpio
que no dejaré pruebas inculpatorias
por ningún lado.

La lucha entre el instinto y la razón

Esa voz interior que tengo
y parlamenta constantemente
con mi otro yo.

Me sigue allá donde vaya,
es un eco constante
rebotando en las paredes del cráneo.

Me da alegrías y tormentos,
me entretiene y me abruma,
es desoladora.

Se quiere apropiar de mis actos
en todos los momentos
para dejarme en mal lugar.

Presente

¿Qué será de mí,
debido a que estoy
gastándome toda la vida ahora?

No la ahorro ni la atesoro,
no pienso en las consecuencias
de cada segundo que esquilmo.

Ni yo mismo lo sé,
ni yo mismo quiero saberlo,
solo pido otro trago de vida.

Otro trago de vida
que me haga olvidar el futuro
de una existencia incierta.

El vértice

Dame duro,
que suenen tus cachetes en las nalgas
y me olvide con cada bramido
de mis propios fantasmas.

Violentamente abrázame,
que sufran mis articulaciones y mis huesos,
regálame la conciencia
del momento presente.

Exorcízame con tu coito,
que salgan de mí todos los demonios
que pululan por mi cabeza
y me distraen.

El inconsciente

Tus traumas te acompañarán
allá donde vayas
y, aunque cambies de escenario,
ellos seguirán detrás de tu oreja.

Lo mejor que puedes hacer,
por tanto, es enfrentarte a ellos
directamente y, de este modo,
identificar y superar.

Solo entonces
podrás emprender el viaje,
con una mochila lista
para llenarla de experiencias.

El psicópata

Siempre escribí de tal manera
que lo pudiese ratificar
en un juzgado.

Con las manos bien visibles
encima de la mesa
y sin hacer trampas.

¡Cuánto desearía ahora
que me llevaran a juicio
para defenderme con papeles!

En vez de eso, tengo que hacer frente
a un enjambre de habladurías
que se cuece por la espalda.

El linde de la locura

La amistad real es aquella
que permanece
en los malos momentos.

Es ese báculo
que te sostiene
cuando estás a punto de caer.

Es ese semáforo en verde
que te permite cruzar la carretera,
sin peligro de ser atropellado.

Es esa que te abraza
y te quita de la cabeza
las más atroces paranoias.

Reclamación

En oprobio
de lo que tendría que ocurrir
y de lo que en verdad ocurre.

Me he cogido muchos nervios,
porque la guagua
no ha cumplido el horario.

Me ha dejado tirado,
más de dos horas, en la cuneta
del vial costero.

No sé lo que habrá ocurrido,
pero no me han dado disculpas ni el chofer,
ni el personal de la empresa.

Te quiero

Tus lágrimas son tan cristalinas
que refractan la luz a su paso,
convirtiéndola
en un haz multicolor.

Te echo de menos
con tanta fuerza
que podría asegurar que mi vida
sin ti no tiene sentido.

¿Quién habla de vencer?
Me basta con luchar
hasta el último suspiro
y hasta el último estertor.

Leo

Un paso en falso
puede suponer un disgusto,
pero disgusto mayor
es no volver a intentar dar otro paso.

Me tomo como personal
algo que a lo mejor fue casualidad,
impidiéndome coger impulso
para saltar hacia delante.

Me retuerzo sobre mí mismo
sintiendo una punzada en el pecho,
ni me atrevo a felicitar a mi hijo
el día de su decimoctavo cumpleaños.

El espejo

Por esos mismos ojos negros
cantó Camarón a su gitana,
y Rubén Darío imploró a los de Julia.

Por esos ojos negros
me derrito en las horas torvas
que yace tu mirada.

Por esos ojos negros
se filtra mi esperanza
y se refleja mi alma evanescente.

Por esos agujeros negros,
centro de galaxias enteras,
gravita toda mi existencia.

El olvido

¿Quién se acuerda de esa persona
que se ha vaciado dándolo todo
y se ha quedado sola?

¿Quién se acuerda de esa persona
que tuvo que tomar una decisión
cuando nadie lo hacía?

¿Quién se acuerda de esa persona
que cargó con la responsabilidad
incluso pudiendo equivocarse?

¿Quién se acuerda del trabajo y dedicación
con el que se esforzó,
aunque al final lo perdiera todo?

El mal rato

Me hiciste mucho daño,
quizá la culpa fue mía,
por coaccionarte a leer mis escritos.

Pero tu respuesta fue tan devastadora
que me levanté a las tres de la mañana
con ansiedad y nervios.

Me he comido
todo el dulce que tenía a mano,
y me bebí tres cafés.

Después me han entrado ganas
de quitarme la vida,
hendiendo con un cuchillo mi pecho.

Fe

Todos somos uno

Tu misericordia me es grata
porque, aunque no evita el final,
lo hace más llevadero.

Llevo años muriendo,
pero después, al pasar los días,
me recupero.

Entonces entremezclo ideas y personajes,
y los voy convirtiendo en uno mismo
procedentes de la misma fuente.

Es por tanto el amor un flujo de energía
que nace de una misma estrella
para iluminarnos.

La virtud y el pecado

He mirado
en lo profundo
de los ojos del cosmos.

No sé si se trataba
del Diablo
o por el contrario de Dios.

Quizá, al fin y al cabo,
sean el mismo componente
de un solo ente.

Todo era oscuridad
y yo estaba cantando,
tronaba la voz desde mi pecho.

Lucas 12, 41-47

Te creíste que
estaba de brazos cruzados
mientras me estaba partiendo la quijada,
arreglando los problemas.

Cuando llegué,
vi el relajo que había
y solo me hizo falta tiempo
para poner las cosas en su sitio.

Fui como el señor de la casa,
que, cuando regresa, se da cuenta
de que su mayordomo
ha estado perdiendo el tiempo.

Mateo 7, 5-8

Soy yo el que tiene hacer
y soy yo el que tiene que convencer,
porque sin nada que ofrecer
no puedo, tampoco, exigir.

Tengo que sacar primero
la viga de mi propio ojo
para poder ver bien y entonces
ayudar a sacar la paja del ojo ajeno.

Confieso que debido a mi personalidad
mis respuestas a los celos
son egoístas y caprichosas,
de manera desproporcionada.

No tengo nada
que perder

La voz interior se burla de mí,
me señala diciéndome
que soy un tonto y un payaso
por creer.

Entre carcajadas
que retumban en mi cabeza,
conspira contra todas mis aspiraciones
encomiándome a abandonar.

Me tienta sobremanera
para que abandone
el peso de la cruz y me entregue
por completo al pecado.

¿Cuál es la consecuencia del olvido de Dios?

Jesucristo cargó con la culpa
de todos nosotros
para que fuéramos salvos.

Así hacían los monjes y monjas
de clausura, orando por todos nosotros,
en monasterios y conventos.

Así hacían los santos,
incluso a riesgo de perder
su propia vida.

¿Dónde ha quedado la mística?
¿Dónde han quedado los mártires?
¿Dónde ha quedado la fe?

El amor del que no tiene nada

Jesucristo que, en su humildad,
no poseía nada para ofrecer
durante la pascua,

se ofreció a sí mismo.
Síntoma inequívoco del amor a Dios
y al prójimo.

No tenía nada que ofrecer
y se ofreció a sí mismo
en holocausto.

Es muy fácil sacrificar un ternero,
pero otra cosa distinta es
poner la propia carne en el brasero.

No soy digno de que entres en mi casa

No tengo el derecho a sentir
que te amo o que te quiero.

Soy una piltrafa que se arrastra,
pero desde este inframundo que nos separa
en el cual no hay contacto
porque yo soy de Venus y tú de Marte.

Emitiré un aullido de lobo
en plena luna llena,
deseando que el hombre que hay en ti
y el niño que hay en mí
entren en santa comunión.

Mateo 13, 44

Si no te importa
aquello de lo que hablo,
es porque no te lo has encontrado
en la sopa.

El día que en vez de fideos
te encuentres soledad y desconsuelo,
llorarás sobre aquella foto
que nos sacaron juntos.

Si descubres un gran tesoro,
entiérralo bien,
después vende todo lo que tienes
y compra el terreno.

Cobarde

La envidia
no tiene mayor problema
mientras no te lleve
a cometer ninguna mala acción.

Pero desde el momento
en que te gobierne
y, con soberbia,
aprietes el gatillo.

Eres culpable
ante un juez,
y si nadie lo ha visto,
lo serás ante Dios.

Epílogo

Choque de culturas

Tú, señorito,
no esperes encontrar comprensión
ni compasión
del que ha sido vilipendiado, arrastrado.

Del que ha visto morir a su hermano,
del que tiene llagas en los pies de caminar descalzo,
del que ha pasado injusticias
y era expoliado por su propia policía.

No tienes excusas para dar lástima o pena,
para quejarte ni lamentarte,
para llorar sobre la tierra
de las víctimas del sistema.

Diferencias

El maniaco es obsesivo,
actúa según impulsos desmedidos
y, bajo el fragor de las discusiones,
sus crímenes suelen ser pasionales.

El psicópata es frío y calculador,
sus objetivos suelen ser materiales
y es capaz de planificar premeditadamente
un asesinato.

Son dos extremos patológicos
de cuya fuente antagónica
depende de si los estímulos provienen,
o bien del corazón, o bien del cerebro.

Comprendo
tu negativa

Es normal
que nadie me quiera acompañar
porque lo único que me gusta hacer
es salir a tomar café y jugar al ajedrez.

No me nace ir al cine, ni ver la televisión,
ni ir a discotecas, ni a reuniones de amigos,
ni ir a la playa, ni a asaderos,
y mucho menos ir a un entierro.

Nada puedo ofrecer
más allá de cafeína en vena
y un tablero bicolor
de sesenta y cuatro cuadros.

Índice

Contexto socioeconómico

Personal

Fe

Epílogo